Guía avanzada para minar criptomonedas

Contenido

¿Por qué elegir la minería de criptomonedas? 5
¿Cómo se minan las criptomonedas? 11
Lo que debes considerar sobre la minería de criptomonedas 14
Los datos para medir la rentabilidad de la minería de criptomonedas ... 17
El rol de las calculadoras de rentabilidad 22
Los trucos básicos para minar criptomonedas 28
Los requisitos para minar criptomonedas 31
¿La tenencia de criptomonedas crea intereses? 39
Cómo seleccionar la criptomoneda para minar 43
Todo sobre un pool de minería 46
¿Es rentable minar solo o acompañado? 47
Qué representan los mineros web 53
Todo lo que genera la minería en la nube 56
Los modos más populares para minar criptomonedas 60
La forma de obtener ingresos por medio de la minería de criptomonedas
.... 64
¿Cuánto puedes generar al minar criptomonedas? 66
Cómo minar Ethereum 67
Lo que necesitas para minar Zcash 83
Los trucos para minar Monero a través de tu computador 89
¿Es difícil la minería de Bitcoin? 98

El atrevimiento por probar o llevar a cabo más formas de generar ingresos a través de las criptomonedas, es una actitud frecuente en la actualidad por ser un producto financiero más efectivo que los tradicionales, gracias al rendimiento que proporcionan a largo y mediano plazo, por eso es una elección productiva en todos los sentidos.

Un salto importante dentro del mundo de las criptomonedas es la minería, aunque al inicio representa una actividad y un concepto difícil de comprender o medir, por ello debes indagar sobre este tema para cuantificar el potencial que posee este camino junto con todos los factores que hay detrás a nivel financiero.

¿Por qué elegir la minería de criptomonedas?

Un fundamento básico que funciona para comprender la minería de criptomonedas es la rentabilidad, porque es elemento que al medir te demuestra el tipo de herramienta financiera que esto representa, de ese modo se puede visualizar como un método factible o no, y lo mejor de todo es que tú mismo puedes analizar la viabilidad de esta opción.

Sin embargo, en el mundo de las criptomonedas debes asumir que ningún camino es 100% efectivo, ni representa un grado de acierto total, aunque en este caso puedes utilizar calculadoras de criptomonedas para estimar lo que representa la minería, siempre y cuando agregues criterios que son importantes para medir este rubro.

Para continuar indagando sobre este medio, debes asumir cada una de las cualidades de las monedas virtuales, ya que la enorme cantidad de criptomonedas es una invitación a explorar todo lo que hay detrás de cada una para optar por el camino más beneficioso, este es un punto clave para saber cómo minar y reconocer su rentabilidad.

Por suerte en línea se encuentran diferentes calculadoras que funcionan como un medidor de rentabilidad, aunque al final de cuentas este concepto varía según cada caso o según cada finalidad, incluso cuando empieces a realizar la minería, cada día que pasa la rentabilidad cambia, y estos puntos te pueden ayudar a entender mejor esta alternativa:

1. **Lo que representan las criptomonedas**

En el presente las criptomonedas se conocen mayormente como un medio de pago virtual, gracias a que se trata de un activo digital que no se puede tocar, por ello se distingue claramente del sistema financiero tradicional, sin dejar a un lado que las transacciones se realizan por medio de transferencias cifradas.

Al acudir a una tienda o a un restaurante es posible pagar con tranquilidad con alguna criptomoneda que poseas, esto significa que es una unidad de pago que se regula de forma autónoma, por ello es diferente y no sigue ningún lineamiento de algún Banco Central o una entidad gubernamental sobre su control.

Este tipo de producto financiero descentralizado, causa que el precio o valor no sea modificado por parte de algún banco, sino que los movimientos son susceptibles a los intercambios Peer to Peer, así que es un valor que no es impuesto por los bancos, ya que se sigue el efecto que causa la ley de oferta y demanda.

Es un ecosistema financiero donde no se producen enormes inflaciones, por ello el valor que abunda en el mercado no es susceptible a manipulación, gracias a que los usuarios son los que generan estos activos, en este punto conceptual es que actúa la figura de la minería.

Se debe comprender que no sólo los usuarios son capaces de tener dominio pleno sobre el P2P, sino que su función recae sobre la generación de dinero, debido a que tienen la responsabilidad de crear las criptomonedas llevando a cabo el proceso de la minería, este tipo de creación genera una recompensa a cambio.

Es decir, los mineros pueden contar con recibir alguna unidad de este tipo de moneda, siempre y cuando sean activos gestionando la minería para que la criptomoneda se mantenga a flote, es como una especie de premio.

2. La confiabilidad de la minería

La realización de la minería es una práctica legal que cuenta con un alto grado de seguridad, pero que requiere tomar algunas consideraciones, como lo es la formación de una contraseña robusta para que los activos o las criptomonedas se puedan resguardar, sin dejar a un lado que la legalidad se materializa cuando ambas partes generan una transacción.

Esto quiere decir que el uso de las criptomonedas queda de parte de cada usuario, además del mismo depende el tipo de criptomoneda y la voluntad de ambos para realizar el intercambio, de ese modo el activo empieza a circular por la propia gestión que se genera por las partes.

3. Las criptomonedas existentes

Existen muchas criptomonedas hoy en día, por ello calcular y comparar la rentabilidad de cada es un trabajo complejo, además cada una posee su propia distinción para producir ingresos, por esa razón no tienen la misma rentabilidad ya que es un punto lógico, y causa que sea un deber aprender cabalmente cuál comprar y cuál tener.

La consulta sobre las criptomonedas solo se genera cuando llevas a cabo una investigación previa, ya sea con las más populares como Deeponion, Lifecoin, Dash, Dogecoin, Monero y otras, lo importante es que puedas indagar sobre cada una con ayuda de algunos portales especializados.

Encontrar un activo que sea rentable es un trabajo o un esfuerzo especifico, pero se puede filtrar o determinar según el hardware que poseas, ya que los equipos o herramientas para minar no son sencillos de conseguir y necesitas apostar por un activo que sea fiable, sin dejar a un lado esa captura de momento ideal para comprar.

Cuando deseas reconocer qué criptomoneda comprar, debes conocer sobre el tema y hallar todos los datos posibles sobre dichos activos, pero sin concentrarte en su rentabilidad de un momento puntual, sino en el proyecto que hay detrás y lo que implica.

4. La acción de minar criptomonedas

La minería de criptomonedas es una manera o una participación en la creación de monedas, buscando un premio o un pago como lo es ganar una proporción de las mismas, por eso se puede describir como un tipo de recompensa, debido a que los mineros pueden recibirlas sin necesidad de comprar esta clase de activos.

Sin necesidad de llevar a cabo alguna operación con las criptomonedas, puedes ser el poseedor de las mismas, por esta razón la minería se asemeja sin importar el tipo de criptomoneda que elijas, aunque según su proyecto, el proceso varía por completo.

¿Cómo se minan las criptomonedas?

Para realizar la minería de criptomonedas es necesario cumplir con algunos cálculos matemáticos, por medio del uso de la potencia informática, porque estarías disponiendo tu equipo a redes P2P que se encargan de realizar cálculos, de ese modo se procesan las transacciones hasta sellar los bloques.

Una vez que se realice cualquier transacción de alguna criptomoneda, se produce una formación de un bloque, los cuales deben estar sellados, para que suceda de esa manera es importante realizar cálculos matemáticos mediante algunos ordenadores que operan durante las 24 horas al día, todos los días con conexión constante y cubriendo el tiempo.

El proceso anteriormente mencionado, no se puede cubrir solamente con una laptop, mucho menos un ordenador antiguo de uso básico, sino que uno de los requisitos fundamentales es realizar el proceso de minería con equipos de alta gama que sean potentes, ya que el rendimiento exigido por parte de los procesos de minería es alto.

Un equipo potente para la minería oscila en un costo promedio de 1,000 euros, ya que hace falta contar o implementar con aparatos especializados como ocurre con los ASIC; Circuitos de Aplicación Específica, estos son creados o diseñados para la minería por su elevado poder o respuesta ante esta tarea.

En este mundo puedes encontrarte con personas que se ponen de acuerdo para crear alguna criptomoneda, ya que es algo posible de realizar por medio de la minería, ya sea pool o por cooperativa, sin importar la modalidad, los participantes trabajan de la misma manera para obtener recompensas.

La mayor garantía dentro de la minería es que si posees potencia al trabajar, podrás encontrar y recibir las recompensas que buscas, ya que es la fórmula a través de la cual se puede resolver un bloque y obtener lo que te propongas, no es un requisito ser parte de un pool o instaurar una cooperativa para minar.

La creación de criptomonedas también es posible sin ser parte de una cooperativa, aunque optar por un camino independiente significa cubrir un costo adicional o extra, por todo lo que significa el alquiler y el pago preciso para alcanzar los márgenes de rentabilidad.

Lo que debes considerar sobre la minería de criptomonedas

Para ser parte de la minería de criptomonedas, no debes pasar por alto la convicción que hace falta, ya que empezar puede ser un paso dudoso para cualquiera, pero sin ignorar los requisitos que se establecen dentro de este medio, porque puedes invertir por el mejor equipo y tener decisión, pero aun así la rentabilidad es muy variable.

Cada criptomoneda hace variar el nivel de rentabilidad, junto con el efecto de otros factores que terminan siendo determinantes para que esta actividad produzca resultados, en este sentido resaltan los siguientes puntos:

- La estimación del equipo y el coste en combinación.
- La competencia que exista sobre la minería de ese tipo de criptomoneda.

- El precio de la electricidad y el tipo de consumo energético al mantener una conexión de 24 horas.
- El proceso de minería debe contar con la ventaja de la refrigeración que requieren los equipos, además del tipo de energía que demandan.
- La rentabilidad que ofrezca la criptomoneda en ese momento puntual.
- El tipo de criptomoneda que deseas minar, varía de una criptomoneda a otra.

Este tipo de factores abren la duda sobre la rentabilidad de las criptomonedas, pero no se trata de una medida fácil de definir, sino que se requiere un estudio profundo del momento actual, de los hechos que puedan surgir en el presente, de ese modo es que se manifiestan los ingresos que obtengas a través de las criptomonedas.

El gasto de la energía también representa otra medida para concentrarte en cuánto puedes ganar, sin olvidar el nivel de inversión que realices sobre el hardware para cumplir con los procesos de minería, sobre todos estos puntos surge una variable de rentabilidad, pero siempre depende de lo que seas capaz de invertir o lo que te resulte rentable.

Para no pasar por alto ningún aspecto es fundamental emplean calculadoras específicas, ya que funciona como una herramienta que procesa cada dato, y es clase de criterios son los que determinan si vale la pena o no, además con el tiempo los gastos de luz o electricidad también marca un camino claro sobre la rentabilidad.

Además, debes incluir el tema de la refrigeración, y la necesidad de equipos adicionales, para destacar sobre la competencia, pero para llegar a un nivel óptimo de ganancias lo principal es elegir el tipo de criptomoneda que deseas minar, porque no significa la misma rentabilidad para todas.

De igual forma no es la misma rentabilidad sobre una criptomoneda en comparación entre un día y otro, lo mismo ocurre cuando transcurre una semana, por esta razón el apoyo de las calculadoras es una forma para saber si vale la pena o no, pero debes contar con los datos necesarios para realizar estos cálculos correctamente.

Si deseas seguir de cerca los datos que miden la productividad, debes apostar por un cálculo manual, de ese modo puedes aprovechar al máximo estas herramientas, como una buena utilidad de la información que tienes a mano sobre la realización de esta actividad de minería, pero bajo medidas confiables que generen un resultado preciso.

Los datos para medir la rentabilidad de la minería de criptomonedas

Cuando deseas medir la rentabilidad precisa de la minería de criptomoneda, necesitas trabajar con datos que sean confiables, ya que las calculadoras deben obtener y trabajar con el relleno de las casillas o los criterios correspondientes, además de entender que cada criptomoneda tiene su propia rentabilidad, pero lo esencial es que lo sea para ti.

En medio de la minería de criptomonedas, pueda que haya usuarios que o usen un ordenador dependiente por completo al pago de la electricidad, porque usan un suministro de otra persona que no tienen que pagar, y en este tipo de situación se obtiene un mayor beneficio económico, es un ejemplo mucho más claro que muestra como cada detalle influye.

Los elementos determinantes para medir la rentabilidad de la minería de criptomonedas son los siguientes:

1. **Hash rate**

Se trata de uno de los elementos más importantes y determinantes sobre la minería de criptomonedas, es un tipo de tasa de hash que se utiliza para representar la unidad de medida sobre la potencia con la cual se procesan las criptomonedas, esta es una de las definiciones más sencillas y debes dominarla por completa.

Este valor funciona como un indicativo sobre la cantidad de operaciones computacionales que un equipo minero puede llevar a cabo, si desconoces sobre este tipo de proyección puedes investigar sobre este tema en línea, para compararlo o tomar en cuenta el modelo de tu equipo con el término "hash rate" o "mining", para que obtengas ayuda.

2. Cantidad o demanda eléctrica

El tipo de cantidad eléctrica se refiere al consumo que produce el equipo que usas para minar, considerando que es una actividad que no se puede llevar a cabo por medio de una laptop que sea de gama baja o una Tablet para juegos, sino que se trata de equipos que sean realmente potentes y estos producen un consumo de energía alto.

A esto se suma el tipo de sobrecalentamiento que se presenta sobre los equipos, esto genera que debas calcular el gasto de electricidad, y la consideración de incluir un aire acondicionado sobre el espacio para que no haya restricciones a causa de este tema.

3. Costo de la electricidad

Esta medida depende por completo del tipo de tarifa que debas cubrir sobre la propiedad en la que vas a minar criptomonedas, la cifra depende de lo que consumas ya que es lo que produce cambios sobre el precio y al mismo tiempo sobre la productividad de esta actividad, porque es una acción continua y varía con el transcurso de los meses.

Lo que pagas por electricidad debe ser incluido en la medida de rentabilidad, donde la subida del consumo o bajada, termina siendo reflejada sobre las operaciones de las criptomonedas.

4. **Coste del hardware**

Más allá de que inviertas una sola vez en hardware, de igual manera se cuenta sobre lo gastado o invertido, por ello lo que gastas en el momento debe ser medido también a largo plazo para fijar la utilidad de cada dispositivo, sin importar que sea un pago único o constante, es una variante similar a las de un gaming donde la actualización es un deber.

5. **Tarifa de la Pool**

La minería de las criptomonedas se debe realizar de diferentes maneras, esto significa que la modalidad pool no es la única, pero si optas por este camino es necesario incluir la tarifa de la pool, donde surge un porcentaje a cubrir, y esto es demandado sobre los datos de la calculadora.

6. Comisión del software

La comisión del software es otro factor a incluir en la calculadora, aunque es un dato que se utiliza como un punto de comparación, no es un aspecto obligatorio para contar con un resultado o una medida de rentabilidad.

Una vez que se puedan añadir estos elementos, cualquier calculadora arroja un resultado de forma automática, sobre todo considerando el tipo de criptomoneda que elegiste y el valor que posee, pero dentro de estos rubros no se debe olvidar la dificultad que presente ese tipo de minería, hasta que sea equiparado con la recompensa.

Esta es la vía para ver la rentabilidad de una moneda digital, y sobre todo la claridad para preferir otras alternativas que sean más convenientes para elevar tus recompensas, de ese modo sigues de cerca los pasos que sean más productivos al momento de invertir, por ello es una ventaja usar la calculadora para no dar pasos en falso.

Otro motivo para estimar la calculadora es que te permite establecer un punto crítico sobre el tipo de criptomoneda que buscas minar, es decir facilita esta decisión por completo, dado que estas practicando un vistazo cercano y en tiempo real sobre lo que significa ejecutar la minería, además de las fluctuaciones que esto conlleva.

El uso de la calculadora de algunos sitios web, te ayuda a que elijas exactamente el mejor camino, porque descubres la que resulta más provechosa, siempre y cuando rellenes los criterios que se usan para medir cada alternativa.

El rol de las calculadoras de rentabilidad

Cada sitio web varía sobre el diseño de la calculadora de rentabilidad, pero normalmente proporcionan las mismas funciones, siempre y cuando tengas la consideración de no pasar por alto algunos factores, ya que el resultado siempre va a depender del entendimiento que poseas sobre lo que implica minar criptomonedas.

Algunos cálculos no recomiendan ni incluyen el valor del software, aunque este es un aspecto general que se repite constantemente, y las opciones de cálculo son personalizadas para que obtengas la forma más cómoda, lo esencial es que puedas realizar un cálculo de la rentabilidad en tiempo real.

Esta vía de comparación es útil sobre todo para dar los primeros pasos dentro de este ámbito, buscando que optes por la minería que produce más bonificaciones, la cual al mismo tiempo puede ser la más difícil de minar, por ello son muchos aspectos que debes pensar previamente, bajo el análisis de estas opciones:

- **CoinWarz**

Es conocida como una de las webs que genera fácil acceso, porque sólo debes seleccionar el algoritmo, para que tengas la oportunidad de rellenar los apartados que posee la calculadora, adicionalmente cuenta con sugerencias actualizadas sobre las mejores monedas, de ese modo puedes tener una idea sobre las monedas rentables de ese momento.

Otro punto que se clasifica dentro de esta página web, es la magnitud de los ingresos o ganancias que surgen por medio de la minería de esa criptomoneda, sólo debes hacer clic sobre cualquiera de las criptomonedas para que visualices el gráfico del precio, o sencillamente puedes ingresar directamente al cálculo personalizado de tus datos.

Lo más valioso es que estos resultados generan o exponen resultados beneficiosos, para aprovechar alguna oportunidad, o decidir en base de las recompensas estimadas, usar este tipo de herramienta es muy simple, sobre todo porque no se limita a ser solamente una calculadora, sino que ofrece consultas sobre cualquier criptomoneda.

Normalmente las criptomonedas populares como Litecoin Mining Calculator, Ethereum, Dash, Zcash, Monero y otras, se van postulando sobre la página web, sólo debes rellenar los criterios y en función de la criptomoneda, se genera el cálculo del tipo de ganancias al que puedes tener acceso.

- **CryptoCompare**

Es reconocida como una de las mejores calculadoras de rentabilidad de criptomonedas, debido a la amplia disponibilidad de monedas, a través del sitio web principal puedes visualizar diferentes monedas junto con el precio, sin dejar a un lado que es un portal informativo por la publicación de noticias y consejos.

Esta herramienta es interesante, porque los datos son presentados de manera cómoda e informativa, de ese modo cualquier usuario los puede reconocer, para ello sólo debes ingresar a sección "markets", esta se encuentra en la parte superior del menú, donde podrás ingresar a "Mining Calculator".

Una vez que tengas acceso a la calculadora, vas a poder ingresar datos como hashing power, la energía que se consume, el coste y también el porcentaje de pool, todo esto se recopila de forma automática para presentar el resultado hasta ir cambiando de criptomonedas con un solo clic en la parte superior.

- **Whattomine**

Reconocida como otra de las webs más interesantes para realizar un cálculo de rentabilidad, es desarrollada por WhatToMine para proporcionar opciones completas, debido a que un vistazo sobre este sitio web, facilita una gran cantidad de información referente sobre las criptomonedas más demandadas.

Ante cualquier punto de comparación, puedes ordenar o filtrar las criptomonedas, hasta que te decidas y utilices la calculadora, para ello puedes ingresar a la web y tocar la moneda sobre la cual se va a realizar la estimación, esto habilita un apartado para que tomes en cuenta información útil como valores, datos y otras variables.

Del mismo modo la calculadora va a contar con medidas como hash rate, energía, coste, y mucho más, estas medidas son las que de forma automática arrojan el grado de dificultad para realizar la minería, porque el valor y cada detalle de esta actividad cuenta para comprobar que sea una opción prometedora a nivel financiero.

La consulta sobre la criptomoneda más recomendable es una ayuda para ti, ya que puedes invertir siguiendo esos resultados o probar con otra que sea más productiva, la intención es que el esfuerzo produzca ganancias.

- **CoinCalculators**

Se trata de una plataforma que sigue el mismo funcionamiento de las anteriores, de igual manera incorpora las mismas funciones, donde se destaca su interfaz porque es limpia y efectiva para que cualquier usuario la pueda usar, no hace falta ser un experto, por esta alternativa vas poder visualizar la información de cualquier criptomoneda.

Los trucos básicos para minar criptomonedas

La minería de criptomonedas es una participación conjunta, la cual facilita la verificación de las transacciones que se llevan a cabo en la red, esto funciona como un estímulo sobre la emisión de criptomonedas, todo esto se encuentra familiarizado con el desarrollo de los algoritmos, donde destacan dos algoritmos para que se produzca la minería:

1. **Algoritmo de minería**

Es conocido como hashing algorithm, y se dedica expresamente al procesamiento de datos, para ello se requiere un hardware minero que está basado en el minado que emplee la criptomoneda que elegiste, sobre todo cuando se utilizan dispositivos ASIC que son desarrollados para trabajar con un solo tipo de algoritmo en especial.

2. **Algoritmo de consenso**

Se encuentra relacionado con el acuerdo que existe sobre todos los miembros, es decir los nodos que surgen en una red de criptomonedas para contribuir con su funcionamiento, para ello surge el cuestionamiento sobre las transacciones que cumplan con ciertos criterios de validez, además del orden de bloques en la cadena y otros.

En medio de estos algoritmos surgen algunas características, donde resalta el tema del consenso, ya que debe ser una medida popular sobre las redes de criptomonedas, tal como ocurre con la prueba de trabajo (PoW) y la prueba de participación (PoS).

- **Lo que se requiere con la prueba de trabajo**

Es una opción en la cual se debe trabajar muy poco, porque no te esfuerzas tú mismo, sino el tipo de hardware que decidas emplear para minar la criptomoneda que hayas seleccionado, porque Pow es conocido como proof of work, que quiere decir que es un consenso que busca soluciones a imponer sobre un acertijo a través de cálculos matemáticos.

Un minero busca conseguir bajo una forma rápida la respuesta del acertijo que se presente, de ese modo es posible añadir un nuevo bloque de transacciones sobre la cadena, es interesante porque estas respuestas no son proporcionadas por dos mineros, es una situación que no se presenta con regularidad.

El acertijo que se dedica sobre cada bloque amerita una solución específica para resolverlo, esto se produce de manera aleatoria, por esa razón no es algo que se pueda predecir con facilidad, se trata de un mecanismo que impide el doble gasto de cualquier moneda.

Es decir, el doble gasto se refiere a que una vez que se ha producido la transferencia de la criptomoneda, no pueda volver a transferirla a otra persona como si no se hubiera gastado, la resolución del acertijo de un bloque implica conseguir la recompensa que proporciona, pero el reto está en llegar a la respuesta antes de que otro minero lo haga.

El hardware necesita procesar elevadas cantidades de datos, sobre todo a gran velocidad, por ello es esencial para los mineros disponer de un equipo potente y sobre todo que sea adecuado para minar la criptomoneda que has elegido, por este motivo la prueba de trabajo se conoce como un algoritmo de consenso muy usado e la minería.

Dentro de las criptomonedas que usan esta vía resalta el Bitcoin, así que debes dominar este algoritmo para poder minarla, además de incorporar algunos softwares especiales, de igual forma se encuentran otras monedas digitales como monero, zcash, ethereum y otras, en el caso de la red Ethereum se desarrolla por completo este consenso, pero se fusiona con la prueba de participación, por ello es un ofrecimiento híbrido.

Los requisitos para minar criptomonedas

La minería de criptomonedas lo primero que requiere son ganas de aprender, porque se trata de un camino largo, además de incorporar la paciencia como un recurso fundamental, lo siguiente es enfocarse en el tipo de hardware y software que se requieren, junto con la electricidad e internet.

Del mismo modo cada uno de estos dispositivos demanda sistema de refrigeración, para que cada hardware posea una protección para su funcionamiento regular, a lo que se suma el tipo de espacio donde se va a llevar a cabo esta actividad, lo más importante es considerar a los servicios de electricidad e internet porque deben ser estables.

La minería necesita ser constate, cuando algún requisito falla y se interrumpe la actividad, no vas a poder obtener las ganancias que esperas, por ello debes pensar en cubrir los siguientes puntos:

- **El hardware**

La consideración de hardware se basa directamente en los equipos que necesitas para minar la criptomoneda que desees, sin importar que sea un hardware genérico, puedes incorporar procesadores y tarjetas gráficas que permiten dedicarte de forma especial a la minería.

La decisión del tipo de hardware depende del algoritmo de minería que emplee la criptomoneda que seleccionas, porque el algoritmo de minería es el destinado para fijar las normas a través de las cuales se produce la encriptación y deshace la misma también, para tener acceso o resguardo de la información.

Esto quiere decir que el algoritmo causa que sea un mensaje fácil de descifrar, hasta volverlo un dato indescifrable, esto sucede o se desarrolla para garantizar que sea imposible que se repita el mismo resultado con otro tipo de mensaje, por ello se trata de una red que proporciona seguridad para que ninguna moneda digital sea falsificada.

En medio del tipo de hardware que puede utilizar un minero, y la cantidad de algoritmos que se pueden emplear para minar, puedes seguir algunos ejemplos como referencia para tomar la decisión correcta sobre tus equipos, en el caso de Bitcoin, debes comprar dispositivos ASIC que sea especializado para minar algoritmo SHA-256.

Del mismo modo cuando buscas dedicarte a la minería de Ether, lo que debes conseguir es una tarjeta gráfica dedicada GPU, sin descuidar el uso de un ordenador que posea una fuente de poder que sea certificada, y en el caso de Monero, es suficiente con un buen procesador CPU para llevar a cabo la minería.

- **El Software**

Existen diferentes tipos de software o mejor conocidos como programas informáticos que ayudan a minar criptomonedas, además de ser una parte esencial, porque por ejemplo en el caso de elegir Monero, se trata de un programa que facilita que el hardware tenga contacto con la red a la que pertenece la criptomoneda para minarla.

En la actualidad surgen distintas clases de software que cambian según el tipo de hardware que se emplee, y también del tipo de criptomoneda que se busca minar, uno de los más distinguidos son CGMiner y Claymore, la primera opción es la más popular porque es empleada por los mineros de Bitcoin.

En cambio, la segunda opción como Claymore es usada para la minería de ether, zcash, y otras populares, adicionalmente debes contar con un programa para monitorear el comportamiento y las acciones del hardware para que incorpores los ajustes o configuraciones que vayan de la mano con tus preferencias.

Los dispositivos ASIC como es el caso de AntMiner de Bitmain, estos normalmente poseen sus propios softwares para realizar alguna configuración y controlar el rendimiento del mismo, en cambio algunos minan por medio de GPU con la descarga de programas adicionales como lo es MSI Afterburner o GPU-Z.

El monitoreo del desempeño que se realiza del rig minero, se lleva a cabo por medio del sitio web que pertenece al pool de minería donde te encuentres minando, o puedes implementar el programa TeamViewer, de ese modo podrás tener acceso al rig de forma remota desde un dispositivo externo.

- **Cartera o monedero**

Es un complemento clave porque se usa para recibir los pagos al minar, normalmente se elige algún hardware o fría como es el caso de Trezor, KeepKey y otros, así como también alguna aplicación como lo es Coinomi,

Jaxx, Wasabi y otros, pero en línea también es posible gracias a MyCrypto, Blockchain, entre otros.

La función de las carteras frías se puede disponer a través de alguna tienda que venda este instrumento financiero, se trata de equipos electrónicos de confianza, en cambio las que son software se descargan por medio de las tiendas de aplicaciones que posees en tu dispositivo móvil ya sea por medio de la App Store o Google Play Store.

Otra opción es preferir el sitio web oficial de la cartera, de ese modo consigues versiones para todo tipo de dispositivos, en el caso de las carteras en línea, no son tan productivas según la visión de los expertos, debido a que son vulnerables ante los ataques de los hackers, esto ocurre de igual forma cuando se trata de casas de cambio.

Algunos servicios adicionales se pueden utilizar como una custodia para los fondos en criptomonedas, esto ayuda a que puedas convivir con los riesgos que existen sobre las plataformas por parte de algún ataque, la intención es que el acceso hacia las criptomonedas no sea comprometido.

Cuando no posees llaves privadas del monedero, entonces no tienes protección sobre esos fondos, causando que sean activos que quedan expuestos a cualquier incidente, por esa razón se trata de un peligro que no debes correr.

- **Refrigeración y acondicionamiento**

No se puede pasar por alto todo lo concerniente al acondicionamiento del lugar, porque los equipos de minería requieren cuidado especial sobre la temperatura, debido a que se trata de una actividad que desarrolla un alto nivel de procesamiento, causando que el hardware minero aumente su temperatura.

El riesgo de que estos equipos se recalienten es alto, ya que ese nivel de temperatura puede ser tan alto que contribuya al deterioro del dispositivo, hasta es una causa de que no funcione más, para evitar llegar hasta ese punto, lo primero que debes hacer es investigar el tipo de temperatura límite que soporta el hardware.

Adicionalmente debes evaluar la temperatura a la cual llegan los equipos durante el proceso de minería, de ese modo va a ser más sencillo hallar un punto de equilibrio de la minería, esto se conoce como sweet spot, es una oportunidad para minar a medida que mantienes tus equipos inmunes ante cualquier recalentamiento.

Impedir que el hardware se recaliente amerita considerar algunos aspectos, en primer lugar, debes pensar en la refrigeración de la zona donde van a estar los equipos, para incorporar acondicionadores de aire tales como ventiladores o extractores de calor, lo importante es que sean compatibles con las instalaciones que vas a usar.

Por otro lado, la mejor manera para refrescar tus equipos, es por medio de sistemas de enfriamiento líquido, ya que es un método efectivo para proporcionar el mantenimiento apropiado, esto en combinación con la refrigeración es una respuesta oportuna para trabajar la minería, pero también depende de la configuración que se implemente.

Es decir, la configuración usada para minar, tiene mucho que ver con la potencia que se asigna para los extractores de calor que forman parte del hardware, además el poder de procesamiento es otro factor a estimar, en ocasiones por el bienestar del dispositivo minero, puede ser recomendable disminuir el poder de minado.

La intención durante la minería es que los equipos se mantengan funcionando por mayor tiempo sin interrupciones, para ello sus capacidades deben estar al máximo, sin que presenten algunas averías tan prematuras que puedan amenazar tus ingresos.

¿La tenencia de criptomonedas crea intereses?

La obtención de intereses a base de un fondo de criptomonedas, es posible cuando funciona como un protocolo, ya que el sistema de recompensas de la minería de criptomonedas asigna recompensas a los participantes para que acumulen y mantengan activos de alguna red elegida.

La finalidad de este proceso es que sirva de ayuda para validar transacciones, y es denominado como Prueba de Participación o PoS; Proof of Stake, este protocolo no demanda un consumo de energía alto en lo que respecta a la validación de transacciones, y la generación de nuevas criptomonedas.

La importancia de realizar la Prueba de Participación, es que se obtiene una cantidad de criptomonedas para que sean acumuladas, y por este motivo es una actividad clasificada como minería, si deseas ser validador en este tipo de red con PoS, debes contar con criptomonedas que puedas disponer para esta actividad.

Luego que tengas las criptomonedas debes bloquearlas en la blockchain, de ese modo puedes certificar que no vas a emplear estos fondos para otra finalidad que no sea la validación de las transacciones, además esto es como una póliza para que tengas compromiso y seguridad de mantener un buen rendimiento en la red.

Si ejerces alguna acción irresponsable o que cause daños, puedes perder todas las monedas digitales, por esa razón esa presión ayuda a que puedas actuar bien, en el caso de la selección del nodo validador se agregará al siguiente bloque de cadenas que funciona de forma semialeatoria.

A medida que designes más criptomonedas para esta finalidad, mayores serán las oportunidades de ser elegido, es decir vas a generar más dinero, la popularidad de este modo de minería, se encuentra tras el uso de PoS sobre criptomonedas como Peercoin, PIVX, Lisk y otras, además de ser una práctica más consciente con el ambiente.

De igual manera sobre ciertas redes que emplean PoS, también se implementa el sistema PoW como una combinación híbrida, tal como ocurre con Decred o Dash por ejemplo, esta es una referencia a tomar en cuenta.

- **Los requisitos para minar criptomonedas usando PoS**

La validación de las transacciones por medio de PoS, no demandan un alto consumo eléctrico, sobre todo cuando buscas minar BTC, ETH y ZEC, en el caso de adquirir hardware especializado, tampoco tendrás que preocuparte porque no requiere de esto, por medio de un ordenador de gama regular y un disco duro que soporte la copia del blockchain, más un internet estable vas a poder minar.

No hace falta que administres un nodo completo para generar dinero con criptomonedas que usa PoS, además existen pools para trabajar con este tipo de criptomonedas, las cuales funciona de forma semejante a los pools de minería que usan la prueba de trabajo, porque reparten ganancias según el nivel de participación de cada uno.

Sin embargo pueden surgir requerimientos especiales que son propios de cada red, cuando elijas alguna en particular es posible que haya la necesidad de cuidar el mantenimiento de los nodos validadores, aunque regularmente se trata de reglas que son creadas para garantizar la seguridad y la escalabilidad de los valores, además de las expectativas detrás de cada criptomoneda.

Por medio de la calculadora de ganancias del portal StakingRewards.com, puedes hallar algunas aproximaciones sobre los precios que presenta el mercado criptoactivo, es decir te permite conocer cuánto vale un nodo validador según las unidades bloqueadas, y esto causa que sepas el tipo de ganancias a obtener de manera anual.

Cuando participas con un rol de nodo validador en la red Qtum, puedes hallar importantes ganancias anuales, pero estas cifras cambian según el valor de las criptomonedas con las que te encuentres trabajando, sobre todo en medio de un mercado volátil.

Cómo seleccionar la criptomoneda para minar

Un punto clave que genera dudas sobre la rentabilidad de minar criptomonedas, es el ofrecimiento de cada una, es decir la forma de medir el interés y la productividad que está detrás, y esto se puede medir gracias a algunas variables claves como lo es el precio actual de la criptomoneda en el mercado.

A esto se agrega el costo de la electricidad sobre la zona donde vas a minar criptomonedas, sin dejar a un lado el poder de minado que proporcionar el hardware que usas, cada uno de estos datos son importantes para tener un registro acerca de la rentabilidad de la minería de esas criptomonedas.

Ese tipo de visión o estudio se puede seguir por medio de WhatToMine y CoinWarz, como un apoyo sobre este proceso de selección, para que te sientas cómodo y seguro con el rendimiento que produce la minería a largo plazo, puedes dedicar tiempo y estudio a la evaluación, para que sea un proyecto con el que estés comprometido.

Cuando se trate de criptomonedas nuevas, la intervención de los operadores es crucial, además de la evaluación de seguridad y función para intercambiar dichas criptomonedas con efectividad, de igual manera debes implementar perspectivas de crecimiento del proyecto, además de los posibles casos de uso y el funcionamiento de la blockchain.

El acceso hacia el hardware y software representa de igual forma una media vital para ejercer la minería, son esenciales y por ello no puedes dejar de estudiarlos, cada una de estas características junto con las de las criptomonedas, te ayudan a tomar una decisión clara, sólo necesitas empezar desde lo genérico hasta lo más específico.

Empieza con un libro en blanco o un documento para ir apuntando todo lo que debes saber sobre cada criptomoneda, piensa o estudia desde una visión técnica y ética, es recomendable usar una hoja de ruta para marcar los objetivos que se buscan alcanzar, junto con el lapso de tiempo que esperas para lograrlo.

En el caso del repositorio el código de dicho proyecto; GitHub o GitLab, junto con un sitio web y un conjunto de redes sociales que se dedican a exponer detalles sobre la minería, con todos los mínimos detalles que esto conlleva, de ese modo vas a conocer cualquier innovación sobre la que trabajen los desarrolladores.

Pero los contratiempos también suman, porque eso afecta directamente el valor y la tenencia de los mismos, así que mientras más detalles puedas averiguar sobre el proyecto de las criptomonedas, puedes visualizar su valor.

Todo sobre un pool de minería

Un pool de minería se conoce como un nodo que conecta a un grupo de mineros de criptomonedas, para organizar esta actividad como un trabajo en equipo hasta producir más dinero, porque se fusiona un poder de minado importante, elevado la medida del hashrate que poseen los participantes que habitan en la red, como una sola proyección.

En lugar de llevar a cabo la minería por separado, todo se concentra sobre redes de criptomonedas que funcionan por medio de la prueba de trabajo, al emplear este algoritmo, el consenso que ejerce forma distinta, porque los participantes de este tipo de grupos mineros distribuyen el poder de decisión a otro que administre el nodo completo.

Esta es la manera de tener acceso hacia esas posibilidades de integrar más bloques a la cadena hasta conseguir las recompensas esperadas, en ambas situaciones como lo es PoW o PoS, el pool recibe las recompensas o porcentajes que le pertenecen al minero, es decir una parte se enmarca como un botín para distribuir en forma equilibrada y equitativa.

¿Es rentable minar solo o acompañado?

Normalmente antes de realizar la minería de criptomonedas, puedes cuestionarte si resulta mejor minar en grupo o hacerlo por tu cuenta, sobre todo determinar lo más conveniente para contar con recompensas que sean útiles para ti, además debes tomarte en serio este tipo de decisión ya que es una variación sobre el tipo de ganancia que produce la minería.

Lo que te debes plantear es que, si deseas minar criptomonedas de la talla del Bitcoin por tu cuenta, necesitas tener el hardware necesario con la potencia justa, de igual manera debes esperar la generación de recompensas por un lado del blockchain, lo cual demora más al hacerlo solitario.

La productividad de trabajar en conjunto surge gracias a que la potencia de un dispositivo minero resulta insuficiente si se compara con el hashrate de una red completa, por este motivo es posible que no mines un satoshi entero por tu cuenta, además existen y se forman a diario diversas granjas de minería de criptomonedas donde trabajan como un equipo de miles.

En vista de esa comparación o visualización aumenta la importancia de la posibilidad de formar un grupo minero, para competir contra las variantes de este tipo de entornos, para medir esta premisa puedes seguir un ejemplo claro con lo son las redes de las criptomonedas como Bitcoin y Ethereum, ya que aplican la prueba de trabajo (PoW).

Ese algoritmo de consenso usado, es el primer nodo minero para resolver un acertijo matemático, esto es impuesto por la red para integrar un nuevo bloque de transacciones, para que pasen a la blockchain, lo cual produce cierta recompensa de criptomonedas, en medio de esta gestión sólo se puede acertar un solo resultado establecido para ese acertijo.

Lo propuesto sobre la red de criptomonedas, es que se descubra y se utilice la única forma de conseguir esa respuesta, por eso es clave la potencia para contar con la probabilidad de que algún nodo minero pueda hallar soluciones del acertijo establecido, pero todo se basa en el poder del minado, para marcar diferencia con los demás nodos mineros en la red.

Un minero que tenga el 5% del poder de minado global que se desarrolla en una red, tiene la capacidad de solucionar una mayor cantidad de acertijos por encima de otro minero que tenga apenas un 1% del hashrate total, en cambio cuando se unen más mineros, pueden sumar hasta un 100% del poder de minado de la red.

A medida que poseas más probabilidades a favor, sin duda alguna la minería se torna más rentable, porque cada miembro del grupo obtiene mucho más de lo que puede conseguir si lo hiciera por su cuenta, esta es una visión importante para elegir minar en pool y por lo que gana más popularidad.

En cambio, si te encuentras minando una criptomoneda como Monero, ya que se clasifica como una anti ASIC, es decir que se adapta a la minería CPU y GPU, todavía sería insuficiente minar por tu cuenta, ya que puedes disponer de poca potencia de minado si se compara con toda la red, por eso optar por un pool es lo más apropiado.

Bajo las medidas estimadas de CoinWarz.com, quien posea una GPU gamer con cualidades AMD- Rx 570, puede invertir más de 2.000 días para contar con el primer bloque minado al hacerlo solo, es decir más de 5 años durante este proceso que puede ser mayor o menor según los valores demostrados por la red.

Además, cuando hayas minado un bloque, vas a obtener la recompensa completa de las criptomonedas minadas, pero no puedes perder de vista el tiempo que demora llegar a ese punto, por eso se resalta que, a través de la minería en pool, puedes recibir un mayor nivel de regalías por la potencia productiva.

En algún caso negativo, el valor de las criptomonedas puede devaluarse de forma dramática, por el lapso de tiempo que se tarda minar un bloque, esto puede provocar que no cobres nada por haber participado en dicha red.

- **La forma de pago en los pools**

Una de las dudas sobre los pools, es la distribución de criptomonedas minadas para esto existen diversos métodos de pago, normalmente surgen los PPS (Pay Per Share), PPLNS (Pay Per Last N Shares) y FPPS (Full Day Per Share), DGM (Double Geometric Method), además de otras opciones adicionales.

Cada opción de pago se concentra en repartir de forma equitativa las ganancias, según el poder de minado que proporciona cada participante, aunque es vital destacar que la recompensa que puedes recibir por los nodos mineros se componen por dos partes, la primera son las nuevas criptomonedas que se emiten al añadir un nuevo bloque a la cadena.

Por otro lado, se encuentran las comisiones que surgen por transacción que corresponden al mismo bloque, pero dependiendo del tipo de administradores de los pools, pueden imponer como condición quedarse con lo obtenido sobre las comisiones y se encarga de repartir las nuevas criptomonedas generadas para los obreros.

Los administradores de los pools cobran a los integrantes un porcentaje de lo que han minado, esta suele ser otra forma de mantener una tarifa por la participación dentro del grupo, de ese modo se puede implementar el mantenimiento para el pool, por este motivo la minería en un pool sigue siendo una alternativa viable.

Para empezar en el mundo de la minería, esta es una opción que adquiere fuerza, ya que no necesitas invertir tanto por los equipos, porque la minería por cuenta propia amerita de mayor potencia para que sea un camino rentable, todo va relativo o proporcional al hashrate total de la red, lo cual demanda un margen de inversión considerable.

Qué representan los mineros web

Se trata de un tipo de software que se instala sobre el código base de un sitio web, esto causa que los ordenadores de los visitantes sean capaces de minar criptomonedas, llevar a cabo la instalación de esta clase de software puede ser realizada por el administrador del sitio web o algún atacante que pueda hackear el sitio web.

En ocasiones los mineros web se clasifican como un malware, porque el software no emite ningún tipo de permiso, sino que sólo se ejecuta, pero no es el objetivo del programa, sino que es parte de la responsabilidad de quien lo instala, porque puede incluir alguna advertencia para que se pida autorización antes de que se active.

Los mineros web se emplean como un tipo de poder, pero requiere un alto nivel de responsabilidad, para que sus funciones sean justas y se puedan aprovechar por cualquier usuario en línea, pero esto no exime que se pueda generar algún uso inapropiado sobre los mineros web.

Una forma fraudulenta de usar esta alternativa es instalarlo por medio del código de base de algún sitio web, de ese modo se permite llevar a cabo la minería con el computador de todos los que frecuenten dicho sitio hasta conseguir las recompensas por lo minado, pero es ilegal por llevar a cabo este proceso sin autorización y encaja como una estafa.

Del mismo modo cuando un programa de este tipo se ejecuta sin aviso, genera una mayor demanda de potencia sobre los ordenadores de los usuarios que ingresan al sitio web, porque la minería de criptomonedas exige un alto rendimiento del CPU, sobre todo en los equipos que no están diseñados para soportar esto.

Por este motivo algunos ordenadores pueden empezar a trabajar más lento, y en algunos teléfonos inteligentes esto provoca un daño grave sobre su funcionamiento, ya que la expansión térmica que usa la minería puede superar las características usuales del dispositivo.

Sin embargo, estos estragos malignos, no representan toda la funcionalidad de este software, porque los mineros web se usan para algunas metas correctas o positivas, ya que se registran algunas iniciativas que, si solicitan permiso para minar a través de tu ordenador cuando estés visitando el sitio web, para alguna causa benéfica.

De igual manera sobre algunos sitios web tienes la oportunidad de elegir la cantidad de poder de procesamiento que deseas donar para que no se sobrecargue el CPU durante la minería, al mismo tiempo la minería web se emplea como un recurso para las suscripciones pagas junto con la publicidad del sitio web.

En ese último caso, ocurre lo mismo con las iniciativas benéficas, porque el usuario tiene la ventaja de emitir o no la autorización para que el poder de procesamiento pueda o no ser utilizado para minar, pero corresponde con un modelo de negocio que está en pleno desarrollo.

- **El tipo de criptomonedas que puedes minar con un minero web**

Normalmente sobre los mineros web, se usa la criptomoneda de Monero, porque es un activo que se puede minar por medio de CPU como una vía mucho más rentable, sobre todo cuando consigues una cantidad positiva de ordenadores que se sumen a esta finalidad.

Además, otro motivo para elegir esta criptomoneda es su proyecto, ya que corresponde con un activo que se dedica a velar por la privacidad de las transacciones, esto es importante para la mayoría de los usuarios, ya que con este software no serán rastreados ni van a pasar un momento vulnerable con su seguridad.

Todo lo que genera la minería en la nube

Se trata de un servicio donde puedes rentar el poder de minado, de ese modo puedes recibir las recompensas que has generado, se puede entender bajo la acción de llevar a cabo la minería, pero de la mano de un tercero, pero esta vez se trata de una plataforma que ofrece una porción del poder minado.

Pero esta vía oculta una gran variedad de interrogantes como lo es la rentabilidad, y si no resulta mejor usar los medios propios para minar usando tu propio hardware, para responder este tipo de preguntas necesitas tomar en cuenta los mismos factores que tienen que ver con la rentabilidad de la minería de criptomonedas tradicionales.

Esto quiere decir que la rentabilidad de minar por tu cuenta y a través de la nube es similar, pero existe un detalle a considerar como lo es el riesgo de ser estafado por invertir en una minería en la nube, lo cual no ocurre cuando lo realizas por tu propia cuenta, pero la ventaja sobre la minería en la nube es que no debes invertir en todos los equipos necesarios.

En lugar de comprar un equipo minero, por esta vía no tienes que preocuparte por un tema de electricidad, sistema de refrigeración y otras variables similares, por esta razón no tienes que preocuparte por el mantenimiento ni todo lo que representa el cuidado del hardware.

Pero una desventaja a considerar es que se trata de un esquema donde el riesgo de la estafa es alto, porque el poder de minado que se utiliza y es proporcionado por las plataformas, es originario de granjas que son parte de las empresas y por ello es complicado verificar que cumplen con todo el poder de minado que generan.

A esto se suma que algunos contratos poseen cláusulas sobre la cancelación del servicio, en caso de que los precios de los criptoactivos en el mercado no sean beneficiosos para ellos, esta es una brecha riesgosa para cualquiera, y es imposible de ignorar, esto genera interés para debatir el miedo a la estafa.

Normalmente lo que más se debate en este tipo de inversión, es sobre la seguridad y confiabilidad, para responder esto es vital que analices los antecedentes que posee la plataforma de la minería en la nube en la que vas a invertir, porque es un modelo de negocio que surge como una innovación en el medio de la minería.

La verdad es que existen algunos casos de estafas latentes, por ello la reputación de este modelo de negocio se puede empañar, pero no se puede omitir la cantidad de plataformas que ofrecen este tipo de servicio, donde se demuestra el nivel de confianza que poseen gracias a su funcionamiento impecable.

En medio del ecosistema de esta plataforma y sus usuarios puedes decidirte por este tipo de compañías, una de las primeras dedicadas a esta finalidad es CEXio, pero la que posee mayor popularidad es Genesis Mining, en este mundo se manifiesta un modelo de negocio parecido al de cloud mining, donde no se renta el poder de minado de una empresa sino de otros mineros.

Estas plataformas funcionan como intermediarios para los usuarios que desean adquirir el poder de procesamiento, y otros que buscan venderlo, esto demuestra la cantidad de personas que existen queriendo minar criptomonedas, pero no poseen recursos para cumplir con dicho objetivo, porque la adquisición de hardware minero es alta.

En cambio, otras personas cuentan con equipos de último nivel para la minería, pero no poseen gran atracción en dedicarse a esta actividad, por esta razón las plataformas como NiceHash y Mining Rig Rentails proporcionan o crea un mercado hashrate, de ese modo se presenta una alta compatibilidad entre las necesidades de los dos grupos de personas mencionadas.

La principal ventaja de estos medios es que son plataformas que no poseen un hashrate propio, y lo mejor es que puedes evaluar de manera anticipada la reputación y los comentarios de la comunidad minera.

Los modos más populares para minar criptomonedas

Al momento de minar criptomonedas hace falta reconocer ciertos aspectos básicos, como se ha mencionado de forma reiterada el punto clave de toda esta dinámica es la tecnología blockchain, ya que es lo que facilita comprender la composición de este mercado, lo cual en primera instancia puede ser complicado de entender o dominar.

La realidad de este proceso es que requiere de dominio de información, porque aprender a minar es una fase progresiva, donde el usuario contribuye en la descentralización de este tipo de activos, ya que la minería se basa en la verificación de las transacciones que se llevan a cabo con las monedas para que ingresen al libro de contabilidad digital nombrado como blockchain.

Dicho libro de contabilidad se gestiona en la cadena de bloques como una base de datos, la cual posee la cualidad de estar cifrada y se modifica gracias a un hash criptográfico, es decir el cálculo que se implementa de encriptar cada bloque, y además de todo se trata de un medio incorruptible, ya que no se puede cambiar la base de datos.

No se puede olvidar que el medio de las criptomonedas es descentralizado, donde las personas que se dedican a registrar este tipo de operaciones sobre la red blockchain son los que adquieren la denominación de mineros, ya que son los que anotan dentro de la base de datos de la cadena de bloques.

Para cumplir con la función principal de los mineros, se implementa una fuerza computacional para solucionar algunos algoritmos que son los que encriptan los bloques y transcriben las transacciones sobre estos bloques, esa fuerza computacional ayuda a determinar el hash criptográfico, este es un cálculo busca encriptar las operaciones para que no sean manipuladas.

A medida que se presta dicha fuerza computacional, cada minero será recompensado con criptomonedas que provienen de la red blockchain que se encargan de mantener bajo funcionamiento, esto se desarrolla por medio de las siguientes modalidades:

1. **Minería de criptomonedas con tarjetas de vídeo-GPU**

Es reconocida como el primer tipo de minería que se realiza, y su desarrollo obedece a la necesidad de minar Bitcoins, los mineros que emplean GPU se dedican a emplear el poder computacional que poseen las tarjetas gráficas de vídeo, de ese modo se pueden resolver los problemas de cómputo que surgen en la red.

Pero cuando no se posee un poder de cómputo, causa que las redes blockchain que poseen minería GPU, se exige o se demanda mayor nivel de potencia para que se pueda efectuar la minería de forma exitosa.

2. **Minería de criptomonedas con máquinas ASIC**

Una máquina ASIC, se refiere a un Circuito Integrado de Aplicación Específica", la creación de estas ha sido especialmente para la minería de las criptomonedas, por ese motivo poseen un mayor poder de cómputo en comparación de las tarjetas de vídeo, además cuando transcurrió el tiempo ese poder ha ido creciendo.

Esto significa que el aumento del nivel de dificultad de minado sobre las redes blockchain, es compatible con este tipo de equipos, hasta el día de hoy los equipos ASIC continúan siendo usados para la minería de criptomonedas, en especial del Bitcoin.

La forma de obtener ingresos por medio de la minería de criptomonedas

Surgen dudas sobre la forma en la que se gana dinero en la minería de criptomonedas, porque no todos los participantes pueden obtener recompensas, por ello el primer paso es trabajar con algunos logaritmos específicos para cada activo, en el caso de Bitcoin se debe emplear el Proof of Work.

Lo que se necesita saber es que en la red blockchain se recompensa a los mineros que crean la cadena de bloques que sea válida y larga, esto posee el nombre de "Block Reward", o en español esto significa recompensa de bloque, para cubrir la participación del usuario sobre la red para mantener el funcionamiento honesto.

Una cadena larga y funcional, emplea o requiere un mayor nivel de fuerza computacional, por ello la red busca generar Bitcoin y proporcionar las recompensas correspondientes, a este esfuerzo se suma el nivel de competencia que puede surgir para generar el bloque más largo, y para esto hace falta contar con el rendimiento de una granja de minería o siendo parte de un pool.

El poder de cómputo unido, genera mejores resultados, además es más económico porque la inversión se disminuye, así que cuando te plantes minar alguna criptomoneda debes medir el nivel de inversión para llegar a contar con ese poder computacional, el cual es necesario para competir contra los demás equipos de alto consumo que forman parte de la red.

Considerar ser un minero en una red blockchain, es entender que esto posee un costo particular que debes cubrir para ingresar, esto se refiere en primer lugar a los equipos computacionales conectados a la red, sin dejar a un lado la cantidad de recursos que consumen dichos dispositivos, por la energía requerida durante 24 horas al día todos los días.

Por otro lado, el sistema de enfriamiento es una necesidad debido a que los equipos están encendidos durante mucho tiempo, a su vez esto se suma al consumo eléctrico que poseen el sistema de enfriamiento, esta es una motivación clara por la cual se instauran las granjas de minado, sobre todo para eludir los gastos de la energía eléctrica en sitios donde resulta gratuito.

El lado especial de esta actividad se debe al equipo de minería, esto posee un costo mínimo de 395 dólares y una máxima de 1,316 dólares, aunque a esto se agrega el valor de la fuente de poder, donde tampoco debes escatimar gastos al ser una pieza importante.

¿Cuánto puedes generar al minar criptomonedas?

En los cálculos de las ganancias de la minería de criptomonedas, es vital añadir o considerar lo que representa invertir por un equipo de minería, ya que son recursos fundamentales para esta actividad, pero modifican la rentabilidad de dicha actividad en algunos casos, y para generar más dinero, debes pensar en invertir al inicio.

Para medir los resultados o las incidencias de rentabilidad, debes seguir los consejos emitidos al inicio como lo es el aprovechamiento de calculadoras, luego de eso puedes combinar tu rendimiento y la frecuencia con la que vas a minar, pero los montos de criptomonedas no son exactos.

A lo largo del tiempo que se gestiona la minería pueden cambiar muchas variables, sobre todo las que guardan relación con la propia criptomoneda, por otro lado, la estimación se presenta en un valor bruto, pero todavía se debe disminuir el costo por consumo eléctrico y las opciones para conservar funcionando por más tiempo a los equipos con su debido enfriamiento.

Cómo minar Ethereum

Sin importar que no poseas suficiente conocimiento, puedes descubrir detalle a detalle lo que representa la minería de Ethereum, para ello debes tener presente las características claves que hay detrás de esta criptomoneda y sobre los poderes de la minería, en este caso se trata de un activo que data desde el año 2015.

Ethereum se define como una plataforma de software totalmente descentralizada, y es más que una simple plataforma, ya que posee e implementa lenguaje de programación, es decir Turing completo, lo que significa que se ejecuta por medio de una blockchain, para proporcionar ayuda a los desarrolladores al momento de usar Smart Contracts y aplicaciones distribuidas (Dapp).

Por medio de esta clase de plataforma se busca que los fraudes queden a un lado, sin que surjan los tiempos de inactividad o el control por parte de terceros, Ether se conoce como la criptomoneda que utiliza la plataforma Ethereum, se conoce como un token que permite pagar las comisiones de transacción y algunos costes de cálculo.

El poder de Ether ha aumentado, hasta el punto de ser una de las segundas monedas digitales más importantes luego de Bitcoin, por este motivo los desarrolladores utilizadas contratos inteligentes para poder recibir, resguardar y enviar también Ether hacia los demás desarrolladores.

Esto quiere decir que ether es una motivación para que los desarrolladores puedan crear y ofrecer mejores aplicaciones para la plataforma Ethereum, cuando se trata de medio de pagos esta es la vía.

- **Empezar a minar Ethereum**

La minería por parte de Ethereum es simple, por ello gana un mayor nivel de relevancia, pero lo básico es conocer cómo funciona este tipo de minería, pero sigue la misma dinámica de la minería de Bitcoin donde se resuelven ecuaciones matemáticas por medio de un hardware ideal para esta finalidad.

La participación de los mineros de todo el mundo sobre Ethereum es un hecho notorio, y útil para la red porque son personas que invierten su tiempo en la solución de acertijos matemáticos complejos, cuando obtienen las respuestas sobre dicho problema criptográfico los mineros pueden integrar los bloques a las cadenas de bloques Ethereum.

Esa es la dinámica central para conseguir las recompensas que buscas, una vez que el minero resuelva una ecuación, puede contar con la obtención de 2 ETH por cada bloque, a esto se debe incluir alguna comisión de transacción añadida a ese bloque, pero sólo es posible crear la cantidad de 18 millones nuevos ETH por año.

No existe límite sobre el número total de tokens que se emiten, en cambio Bitcoin si posee un número finito en lo que respecta a los tokens, por este motivo se encuentran distintas formas de minar ETH como las siguientes:

1. Solo mining, que se basa en minar de forma particular en solitario.
2. Formando parte de una mining pool de ETH.
3. Cloud mining.
4. Conforma tu propio pool de mining.

En el caso de esta última opción se ha descrito como una de las que posee un nivel alto de competencia, se trata de un tipo de minería que requiere inversión para llegar a minar una cantidad realmente llamativa.

- **Minar Ethereum por medio de un hardware específico**

En el caso del hardware de minería de Ethereum o mining rig, se trata de una máquina que cumple con un diseño especial para minar esta clase de criptomonedas, los mining rig o rigs de minería se describen como un conjunto de equipos formados por una fuente de alimentación, tarjeta madre, GPU o tarjeta gráfica y un dispositivo de refrigeración.

En líneas generales se puede minar Ethereum por medio de CPU y también con GPU, los mining rig de CPU cuentan con un procesador de CPU para implementar algoritmos complicados para buscar solución a los bloques que forman parte de la blockchain, los rig de minería de CPU son los más populares para los mineros.

La pasión por los rig de minería se basa en que resultan más económicos y sencillos de usar, sólo debes contar con un ordenador, pero lo negativo es que resulta una forma de trabajar mucho más lenta, así que puedes conocer y considerar la forma de minar ethereum por medio de un hardware especial o GPU.

Una unidad de procesamiento gráfico ayuda a generar a los mineros mayor nivel de potencia de hashing, en el caso de los mining rig de GPU aplican tarjetas gráficas que no ponen en marcha algoritmos como los de un CPU, pero al menos logran completar los procesos de minería por medio de redes cerradas.

Los mining rig de GPU funcionan bajo un nivel superior a los de CPU, si se compara llega a superar cualquier medida, pero el único detalle que necesitas considerar es que son muy costosos, ese tipo de calidad de rendimiento llega a oscilar bajo una cifra de miles de euros.

Por este razonamiento económico es que eligen la alternativa más económica, sin embargo, esto afecta el rendimiento porque la minería requiere un hardware especializado para que obtengas ganancias, aunque eso signifique enfrentarte a algunos costes de operación.

Los mejores modelos de hardware para la minería de Ethereum son los siguientes:

1. Radeon RX 5700 XT

La Radeon RX 5700 XT con una inclusión de triple disipación, se trata de una de las mejores tarjetas para los que desean ser mineros ETH, porque permite cumplir con una medida de 660 Mega Hash, además utiliza hasta 68w por tarjeta, lo cual llega a 0,16 euros por día, representando un costo que se estima en 400 y 500 euros.

2. Nvidia GeForce GTX 1070

La tarjeta Nvidia Geforce GTX 1070 se reconoce como una de las tarjetas gráficas más elegida, sobre todo por los gamers, pero funciona también para desarrollar la minería, por este motivo es una alternativa a considerar para que se lleve a cabo la minería de esa criptomoneda.

La cualidad principal es que es capaz de proporcionar una tasa de hashing muy elevada, sin necesidad de requerir grandes cantidades de electricidad.

3. Nvidia GeForce GTX 1660 Ti

Corresponde con una opción favorita porque llega a minar hasta unos 30,5 Mega Hash por tarjeta, demanda una medida general de 68w, y posee un costo menor a los 200 euros, esta es una tarjeta que vale la pena por la popularidad de la marca como también por la potencia que equipara a una NVIDIA por un costo menor.

- **Cómo minar Ethereum desde una pc**

Si quieres minar desde tu propio pc, sin salir de casa, esta es una posibilidad que puedes aprovechar por medio de los siguientes pasos:

1. Para minar Ethereum en Windows, debes contar con Windows 7 de 64 bits como mínimo, o alguna versión posterior.
2. En el caso del mining se requiere un pc con 4 GB de memoria GPU, además de un mínimo de 4 GB de memoria de sistema RAM, a esto se suma la estabilidad de la conexión a internet, para no perder la potencia cuando estés minando.
3. Se debe llevar a cabo la instalación de la versión actual de los controladores de tu GPU.

4. Descarga el software necesario para llevar a cabo la función mining, para esto existen muchos programas de mining de Ethereum.
5. Modifica la configuración de Windows, como lo es el tamaño de la memoria virtual sobre una medida de 16,384 MB, luego debes dirigirte a la configuración de alimentación de Windows, y de ese modo puedes desactivar el modo de suspensión. Una vez hecho esto, puedes ir la configuración de Windows Update y apagarlo, porque si usas Windows Defender y un antivirus, puede interferir sobre el programa mining al clasificarlo como una amenaza.
6. Selecciona una mining pool que vaya de la mano con tus preferencias.
7. Cambia el archivo .bat del programa mining según las instrucciones que hayas recibido en el pool de minería seleccionado.
8. Crea y prepara una wallet para almacenar los ethers que vayas ganando.

Para cada sistema operativo existen pasos puntuales que adaptan el equipo al proceso de minería, sólo necesitas comprender la forma especial para gestionar ese tipo de sistema, como ocurre con un Mac.

- **Minar Ethereum con Mac**

La comunidad de mineros no posee ningún tipo de empatía con el uso de un Mac para minar, ya que puede ser una elección que no vale la pena, porque el software de minería más efectivo para Ethereum no posee una versión disponible para este tipo de sistema operativo, pero se puede utilizar Graphical User Interface (GUI) como lo es Minergate.

En el caso de usar Minergate como un sustituto, puedes implementar los siguientes pasos:

1. Descarga el software en el sitio web de Minergate.
2. Regístrate para conseguir una cuenta.
3. Inicia sesión sobre el software por medio de la cuenta creada.
4. Empieza a minar Ethereum.

5. Aunque el mining no está disponible para ser usado en Mac.

En vista de las limitaciones que posee este sistema operativo, no resulta un camino a seguir para ser parte del mundo de la minería.

- **Los softwares para minar Ethereum**

La lista de software para minar Ethereum funciona de ayuda para aclarar y tomar el camino más apropiado, pero sobre todo el que resulte mejor a nivel a nivel de rendimiento, puedes consultar los siguientes:

1. **Claymore**

Es compatible con los sistemas operativos de Windows y Linux, sin dejar a un lado que es uno de los mejores para realizar la minería en Windows 10 sobre todo, pero no deja de ser uno programa efectivo para la minería, debido a que posee doble miner de Ethereum que facilita la extracción de criptomonedas con algoritmos sin disminuir la tasa de hash.

La principal cualidad de Claymore es que permite llevar a cabo la minería de otras criptomonedas por encima de Ethereum, la comisión de minería que se establece es del 1%, en caso de seleccionar dual mining, la comisión incrementa hasta un 2%, además el proceso de descarga es sencillo.

2. Ethminer

Es un software muy conocido para la minería GPU Ethash, que facilita minar todas aquellas criptomonedas que estén sometidas bajo el algoritmo Ethash (Ethereum, Ethereum Classic, Expanse, Musecoin y otras), además presenta una amplia compatibilidad con Mac, Windows y Linux.

Posee un diseño especial para funcionar con tarjetas gráficas Nvidia, y se mantiene sobre las clasificaciones de mejores softwares mining de Ethereum para Windows 7 y Nvidia.

3. MinerGate

Se considera como uno de los mejores softwares para realizar la minería de Ethereum para los que poseen

Mac, de igual forma ofrece a los mineros la posibilidad de extraer BTC, Monero, Zcash, Litecoin, y otros tokens por encima de Ethereum, las funcionalidades poseen una comisión que varía del 1% al 1,5% según la moneda digital.

El manejo de este software es simple, porque es útil para que cualquier novato empiece en el mundo de la minería, además posee las opciones traducidas en diferentes idiomas.

4. **CGMiner**

CGMiner es considerado como un software de mining de Ethereum que cumple con acciones básicas y gratuitas, se encuentra escrito en C++, por ello encaja con la mayoría de las plataformas, por medio de una interfaz sencilla para tomar el mando, esto causa que pueda funcionar a través de distintas pools y dispositivos de minería.

La interfaz destinada para los usuarios y la adaptación de los comandos no genera problemas, además cuenta con accesorios como lo es la calculadora de mining de

Ethereum, la cual es una ayuda para gestionar y controlar la tasa de hash, es decir cada dato que te interese está a tu alcance.

El diseño que posee CGMiner se basa en un software de pool de mining Ethereum, este se implementa sobre la GPU como un tipo de ventaja para que los principiantes crezcan en este medio, sólo deben ingresar el nombre de usuario, la URL, contraseña y elegir el mining pool, con el hardware del ordenador que se aplica de forma automática.

5. **Geth**

Es un desarrollo por parte del equipo de Ethereum, se considera como uno de los miners originales, porque es el que permite transferir los fondos sobre distintas direcciones, para mostrar el historial de bloques y generar los contratos, esto es compatible o funcional con Windows y Mac.

6. **Phoenix Miner**

Se refiere a un programa de minería de Ethereum con corta trayectoria, pero al mismo tiempo innovador porque su última versión presenta compatibilidad con dual mining, esto causa que sea una realidad el mining simultáneo entre Ethereum y Ubiq.

Las formas de minar Ethereum mencionan el camino de las pools, lo cual para muchos representa una enorme cantidad de dudas que pueden ser resueltas por medio de los siguientes detalles tratados:

- **Minar Ethereum con las pools**

En base a la enorme cantidad de mineros que se concentran en los tokens de ETH, se torna una actividad más compleja, sobre todo para alcanzar esa recompensa que es proporcionada por un bloque minado, esto permite que cada minero posea bajas posibilidades para llegar a resolver una ecuación y obtener la recompensa.

Esa es la motivación principal por la que muchas personas seleccionan las mining pool, esta se trata de un grupo de mineros que se dedican a compartir esfuerzos, para contar con recompensas repartidas de forma equitativa que surgen sobre la actividad de minería de criptomonedas.

Por medio de un pool de minería puedes hallar un servidor que comparte una ecuación matemática, en una operación más pequeña para que sea distribuido entre las computadoras que se encuentren participando, una vez que los usuarios que están conectados resuelven algún bloque en conjunto, la recompensa se distribuye de manera proporcional, en base a la potencia que aporta cada usuario.

Por medio de poolwatch.io se publican los mejores pools de minería, donde resaltan Sparkpool, Ethermine, F2Pool, SpiderPool, y Nanopool, lo importante de esto es que puedas elegir una pool de minería Ethereum que posea atractivo el nivel de hashrate del pool, reputación del pool, y la tasa de comisión.

Sin embargo, no puedes pasar por alto que existen muchas formas de minar Ethereum, estas no son las únicas vías, y puedes encontrar una alternativa donde sea más rápido conseguir el token.

Lo que necesitas para minar Zcash

Los requisitos generales para establecer un sistema de minado de Zcash, aconseja considerar el uso de gráficas AMD o gráficas NVIDIA, ya que es un hardware reconocido y recomendado para el tipo de sistema que hay detrás de la criptomoneda, esto es útil de conocerlo por la popularidad que posee el minado de criptomonedas.

Pero el primer paso para tomar alguna decisión o preferencia es no de desconocer lo que hace falta, de ese modo puedes contar con un rig de minado, pero esto sucede cuando reúnes los componentes necesarios, esto puede ser visto en una medida mínima para que te concentres en lo que hace falta para minar Zcash y analizar la rentabilidad.

1. **Placa base**

La placa base es el punto crítico para realizar el minado de criptomonedas, por eso se debe seleccionar pensando en la importancia que posee, para ello debes tener en cuenta que antes de seleccionar la placa base debes conocer el número de tarjetas gráficas que vas a instalar y en base a ese número se elige la placa base.

Una de las más llamativas es Biostar TB250-BTC que es usada para seis tarjetas gráficas, posee un valor alrededor de los 90 euros, en cambio la Biostar TB250-BTC PRO es diseñada para doce tarjetas gráficas por un costo de 250 euros, así que en base a tu capacidad puedes ir analizando una a una, o buscar otras en el mercado.

En la actualidad este tipo de placas bases están diseñadas únicamente para procesadores Intel.

2. Procesador

El procesador corresponde con una alternativa accesible, porque no hace falta un procesador muy sofisticado, usando el Intel Core i3 más sencillo es suficiente, por medio de los Core i3 6100 puedes poner en marcha la minería y es uno de los más elegidos porque su valor promedio es de 100 euros con disipador.

Esa medida de procesador es suficiente, ya que el procesador no se le demanda tantas cargas, sino que todo el rendimiento de la carga del minado, tiene mucho que ver con las gráficas, aunque debes tomar en cuenta que no hay placa base para el minado que se realiza en procesadores AMD, por ello no son una opción.

3. **Memoria RAM**

En este punto la decisión puede variar, siempre y cuando puedas partir de la medida mínima de 4GB de memoria de RAM, ya que resulta una medida suficiente para esta clase de sistemas, de igual forma puedes preferir un módulo o dos módulos, pero lo mejor es apostar por la segunda opción para contar con los ajustes Dual Channel.

Es recomendable tener presente la compra de memorias que posean el disipador incluido, debido a que esto mejora el rendimiento de las memorias, y si quieres luego deshacerte del sistema, son más solicitadas al momento de venderlas como un elemento de segunda mano, pero lo recomendable es invertir en una RAM DDR4.

4. Almacenamiento

El campo o lo que se refiere a la unidad de disco duro, es mejor optar siempre por un SSD que posee un costo de 60 a 65 euros, de igual forma puedes pensar en SATA como M.2 SSD de 120GB, esto es suficiente para que en cualquier momento que decidas retirarte puedas vender el dispositivo sin problemas.

Un máximo rendimiento lo puedes obtener al seleccionar un disco duro mecánica de 500 GB o 1TB, según lo que más te interese, además en cualquier instancia puedes partirlo e instaurar un servidor de Storjcoin para recuperar la inversión.

5. Fuente de alimentación

Este es uno de los puntos que puede representar un costo mayor, pero es menor que la inversión a realizar sobre una tarjeta gráfica, en este punto puedes invertir hasta 200 euros por una que posea certificación 80Plus

Gold, junto con una potencia mínima de 1000w, en el caso de tener seis tarjetas gráficas, vas a necesitar dos fuentes de alimentación.

Lo que se busca es que sean capaces de soportar tres tarjetas gráficas cada una, la consideración de la Enermax Revolution 87 de 1000w se estima en 180 euros, y es una de las más estimadas para realizar el minado, adicionalmente se encuentra la Chieftec Nativas de 1250w que se tasa en 230 euros, ambas soportan tres tarjetas gráficas.

6. **Tarjeta gráfica**

Es un elemento clave para realizar el minado, si por ejemplo te interesa Ethereum, puedes preferir las gráficas de AMD, sobre todo las RX 570/580, pero la rentabilidad de esta opción todavía no se encuentra probada, en cambio el minado de Zcash es mucho mejor con NVIDIA, además es una gráfica compatible con otras criptomonedas.

Para definir el tipo de gráfica siempre debes pensar en el tipo de criptomoneda que deseas minar, en caso de continuar con la intención de que sea Zcash, puedes probar las mejores gráficas de NVIDIA tal como resultan las GTX 1060 por su precio o las GTX 1070 por la potencia de minado, pero si quieres minar a un último nivel debes elegir GTX 1080 Ti.

7. Riser

El riser es lo que necesitas también para formar un rig de minado, este junto con otros elementos deben ser comprados, bajo la concentración de que compres la versión 6 de este tipo de accesorio, sin dejar de evaluar el tipo de prestaciones que proporciona, la protección también es un valor útil.

La inversión en conjunto de todos estos aspectos gira en torno a los 3,000 euros, pero posee un retorno de inversión estimado en seis meses, pero todo depende del valor de las criptomonedas, sin dejar a un lado que un mes puede ser más productivo que otro, y el cuidado de los equipos para que se mantengan refrigerados.

Los trucos para minar Monero a través de tu computador

El surgimiento de la minería de Monero es curioso, porque es una de las minerías que todavía se pueden realizar por medio de un CPU o procesadores, por ello es una alternativa sencilla en comparación de todo el amplio mercado de minería que existe, así que es una buena oportunidad para comenzar.

Minar este tipo de moneda digital te va a ayudar a que te puedas familiarizar con el entorno de esta actividad, es una aventura con mucha motivación porque Monero es una de las mejores 20 criptomonedas en la actualidad, gracias a su proyecto que presenta cualidades de escalabilidad.

Iniciar en cualquier tipo de minería demanda compromiso para aprender y mejorar, así que antes de comenzar debes considerar que se trata de una inversión de tiempo, además necesitas cumplir con algunas medidas especiales que forman parte de esta clase de actividad, uno de esos aspectos es el dominio técnico de este tipo de proceso.

Por otro lado, debes contar con una fuente de suministro eléctrico que sea rentable, ya que el proceso de minería requiere de una demanda de energía continua, por ello el proceso de minería requiere de inversión para conseguir la potencia necesaria que permita obtener recompensas.

El cuidado del equipo computacional es una medida útil también, y liberarse de las presiones, lo mejor es empezar la minería con una visión mucho más abierta a lo que ocurra sin anticiparse a los resultados, pero siempre es posible aprender para tomar en tus manos la posibilidad de generar recompensas sobre la minería.

En primer lugar, cuando eliges esta clase de minería, debes tener instalado el software de minería más recomendado como lo es GNU/Linux, ya que posee códigos abiertos y eso a su vez disminuye los problemas de virus o cualquier otra vulnerabilidad, pero puedes usar Windows como una forma fácil de iniciar.

- **El uso del algoritmo RandomX**

El desarrollo de la minería requiere conocer el desarrollo del algoritmo RandomX, porque no requiere ningún tipo de máquina especial como son las ASIC, por ello es una ventaja para que más personas se puedan involucrar, este es un algoritmo que se encarga de integrar aleatoriedad a los procesos que se gestionan en la minería.

Este tipo de funciones causa que sea complicado fabricar dispositivos ASIC que disminuyen la descentralización de ecosistema de criptomonedas.

- **Los requisitos para minar Monero**

Lo primero en lo que debes pensar cuando buscas ser parte de este tipo de minería, es en el equipo computacional porque es lo que va a servir para realizar la actividad principal del minado, este tipo de equipo puede ser una PC, laptop o también una portátil profesional, lo importante es que se pueda trabajar las 24 horas, los 7 días de la semana.

De igual forma cuando posees las mejores características técnicas, vas a contar con un rendimiento en la minería mucho mayor, lo mínimo que debes implementar es un CPU que posea un sistema operativo de 64 bits ya sea Windows o GNU/LINUX, que tenga 4 hilos o núcleo de CPU, 4 GB de RAM, en combinación con una buena conexión de banda ancha.

El equipo debe contar con un software especializado en la minería de Monero, el que posee mayor facilidad y frecuencia de uso es XMR-Rig, del mismo modo debes contar con una wallet de Monero para que recibas los depósitos que son parte de la actividad minera.

- **Los pasos para minar en Monero**

Para que seas parte de este proceso sin ningún problema o confusión, puedes seguir este paso a paso básico hasta que completes este proceso:

1. **Crea tu wallet**

Lo primero que debes hacer es crear un wallet de Monero, para que los depósitos no sean una complicación y puedan estar seguros, de ese modo tienes la tranquilidad de que la actividad minera no será en vano, para ello puedes usar la wallet que ofrece el sitio web oficial de Monero, sólo debes ingresar a la sección de Downloads, y seleccionar GUI Wallet.

Cuando te encuentres sobre esa sección, debes prestar atención a los requerimientos de contar con Windows 64 bits, porque sólo se trabaja con un sistema de 64 bits, por ello si no cumples con esto, significa que tu PC no va a soportar el desarrollo del software, pero si lo posees sólo debes seguir las instrucciones del sitio web para formar la wallet.

2. **Iniciar la wallet**

Al tener descargado la wallet, sólo debes ejecutarla para seleccionar el idioma, y luego dar clic en continuar, para que selecciones el modo de ejecución en el que estará la wallet, puede ser el modo simple que usa la wallet como una custodia y se conecta con otros nodos, o el modo bootstrap que lleva a cabo la creación de un nodo local que almacena la blockchain.

Por último, se encuentra el modo avanzado, este es destinado para proporcionar más funcionalidades, esta es una expansión de la minería, que te permite crear por tu cuenta el monedero, y luego proporcionarte los datos de la seed phrase, ese tipo de dato debe ser bien guardado con exactitud, si los pierdes estás concediendo el acceso hacia tu monedero.

Una vez que hayas anotado ese tipo de datos, puedes hacer clic en crear la clave del monedero, donde debes elegir algo que no se te olvide, para proseguir con la instalación por defecto al cumplir con toda la configuración, de ese modo vas a conformar la wallet para que se mantenga funcionando.

El proceso de sincronización es una medida que puedes establecer para que tengas todo al día, este paso se completa de forma automática y no vas a tener que preocuparte por nada.

3. Descarga el software de minería

La descarga del software es lo que le abre paso a la actividad minera, porque el equipo de computación se va a poner en marcha para que tengas tu propio centro o espacio de minería, por medio de XMR-Rig, gracias al código abierto de este tipo de programa puedes hallar toda la documentación para que la descargues.

La configuración del programa se puede llevar a cabo sin problema alguno, y te permite al mismo tiempo disponer de tus ganancias, lo que debes visualizar es el tipo de versión que necesites, todo depende del sistema operativo que uses.

4. **Elige el pool de minería**

Cubierto todo lo anterior, es momento para seleccionar el pool donde deseas minar, para llevar a cabo o cumplir con este paso, debes considerar que este servidor se encuentre cercano a tu ubicación para seguir la misma línea de rendimiento sin que haya problemas, porque un pool debe mantener la actividad de minería de forma estable.

Las fallas de envío de paquetes es lo que nadie busca o espera en un pool, por esa razón lo mejor que puedes hacer es ser realista para asumir el grupo que más te conviene para obtener ganancias, puedes ingresar a moneropools.com para leer una lista de los pools de minería.

5. **Ajusta el software de minería**

Este paso es una cercanía con la aventura de minar, sólo debes ingresar a la sección de configuración wizard para desarrollar algunos pasos claves, en primer lugar, debes dar clic en "New configuration", luego en "Add pool", de ese modo puedes elegir support si colocaste un pool erróneo y luego en la opción custom.

Cuando colocas la opción de custom porque el pool no lo consigues, surge un menú desplegable para que ingreses los datos completos que puedes solicitar al pool para que ingreses al mismo, en caso de necesitar más apoyo debes elegir supportXRM para completar la información de la wallet y el nombre del worker como un tipo de identificación.

Por consiguiente, puedes llevar a cabo la opción de backend para indicar la manera en la que deseas minar, al tratarse de Monero en esa parte debes colocar

"CPU", luego al final puedes contar con la configuración final que te permite usar el pool seleccionado con las opciones fijadas para que el dinero generado vaya directo a la wallet.

- **En caso de configurar el minero**

Una manera fácil para configurar XMRig para contar con un funcionamiento ininterrumpido es por medio del archivo config.json que es diseñado para esta finalidad, para ello sólo debes abrir el archivo por medio de un editor de texto o bloc de notas, luego debes borrar el contenido y copiar el proporcionado por XMR Wizard.

Al cumplir con estos pasos sólo debes hacer doble clic sobre la opción ejecutable xmrig para que empieces a minar sin ningún problema.

6. **Optimiza el equipo destinado para la minería**

Es un paso que los usuarios avanzados entienden mejor, pero puedes dedicarte a aprender cómo optimizar tu CPU ya que eso permite que te pueda ir mejor en lo que respecta a rendimiento, lo esencial es que la aplicación de minería siga líneas de comando, las cuales se pueden modificar para seguir ciertos comandos que no estén preconfigurados.

Esta clase de alternativa varía mucho según la potencia que tenga tu computador, de ese modo vas a empezar a notar el fruto o los resultados de la actividad minera en poco tiempo, ya que estarás aumentando el rendimiento.

Por este motivo la minería de Monero se presenta como una de las más simples, en comparación de otras criptomonedas la adaptación de los equipos son pasos mínimos, pero siempre debes tener en mente que minar solo no es una alternativa rentable por ello ser parte de algún pool es una mejor respuesta.

¿Es difícil la minería de Bitcoin?

En la actualidad se maneja un límite finito que forma parte del Bitcoin, estos son creados por los mineros, ya sea por medio de particulares o algunas empresas que poseen hardware de minería, por ello los mineros reciben recompensas por su trabajo a través de la propia criptomoneda.

Pero para llegar a percibir algún nivel de ganancia debes implementar potencia, ya que de eses modo se gana más dinero por minar a una capacidad superior, la minería de este tipo amerita de máquinas especializadas como ocurre con las ASIC, ya que son las que van a llevar a cabo los cálculos computacionales.

La función de la minería Bitcoin sigue de igual forma un sistema descentralizado, por ello la minería busca que cada operación sea comprobada, de ese modo puedes evitar que haya algún tipo de pago relacionado con un fraude, pero todo esto requiere de potencia para que la minería de bitcoin sea útil y es medida bajo hash por segundo o sea hashrate.

La complicación de minar Bitcoin se basa en que más equipos se integran a la red de minado y esto eleva la capacidad de cómputo que posee dicha red, ese tipo de camino aumenta la competencia y causa que sea complicado hallar la recompensa, la dificultad de realizar algún cálculo es que la posibilidad de obtener bloques transcurre cada 10 minutos.

En caso de que los nuevos bloques se creen en menos de diez minutos, como fue la media en 2016, se reajusta de forma automática, ese reajuste aumenta la complejidad que existe sobre los acertijos, por ello la elección de otro tipo de criptomonedas puede ser una solución ante este tema.

www.ingramcontent.com/pod-product-compliance
Lightning Source LLC
Chambersburg PA
CBHW070426220526
45466CB00004B/1565